두 번째
토비아
순례캠프
TOBIA pilgrimage
Camp

하나님이
세우세요

세우심편

저자 조문섭
그림 강민준

도서출판사 TOBIA

토비아 순례캠프 교재를 발간하며

김덕진 목사 토비아선교회 대표

토비아 순례 캠프 교재는 토비아 선교회에서 진행하는 국내 순례지를 바탕으로 구성이 되었습니다. 토비아 국내 순례는 다음과 같습니다.

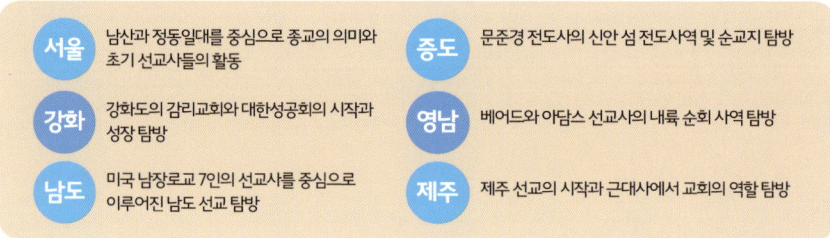

서울	남산과 정동일대를 중심으로 종교의 의미와 초기 선교사들의 활동	**증도**	문준경 전도사의 신안 섬 전도사역 및 순교지 탐방
강화	강화도의 감리교회와 대한성공회의 시작과 성장 탐방	**영남**	베어드와 아담스 선교사의 내륙 순회 사역 탐방
남도	미국 남장로교 7인의 선교사를 중심으로 이루어진 남도 선교 탐방	**제주**	제주 선교의 시작과 근대사에서 교회의 역할 탐방

<토비아 순례캠프>는 토비아의 각 순례지 체험을 토대로 성경을 공부하고 나누는 것을 목적으로 만들어진 교재입니다. 교재는 우리 신앙의 다음세대가 단순히 성경 지식만을 공부하는 것을 넘어서 각 순례지로부터 경험으로 얻은 지혜와 통찰을 성경 배움에 통합하려 보다 나은 믿음의 삶을 세울 수 있도록 인도하는 교재입니다. 교재는 총 세 권의 시리즈로 구성되어 있습니다.

<토비아 순례캠프> 교재는 기본적으로 하나님께서 당신의 백성들을 부르셔서 당신의 백성으로 세우시고 이방으로 복음을 들고 나가게 하신다는 보내심의 삼중 패턴을 기반으로 구성되어 있습니다. 그래서 교재는 <부르심>과 <세우심> 그리고 <보내심>의 세 권으로 구성되어 있습니다. 각 교재는 핵심 주제와 관련된 성경 이야기와 순례지 역사 이야기 등 두 개의 스토리를 먼저 나누고 이어서 순례 체험으로 더불어 배움을 심화할 수 있는 '순례 코칭'의 순서로 구성되어 있습니다. 제1권 <하나님께서 부르세요> 교재는 하나님의 부르심에 '결단'하고, '변화'하며, 새로운 삶으로 '도전'하는 것을 주제로 다루고 있습니다. 2권 <하나님께서 세우세요> 교재는 하나님의 백성으로 서는 가운데 '사랑'과, '열정', '인내'를 품게 되는 것을 배우게 됩니다. 마지막으로 3권 <하나님께서 보내세요> 교재는 보냄 받은 현장으로 가서 거기서 '헌신'하고, '희생하며, '섬기는' 삶을 사는 것을 주제로 담고 있습니다. 이제 <토비아 순례캠프> 교재와 더불어 교회와 신앙 가정은 다양한 순례 캠프를 기획하실 수 있습니다. 각각의 주제 중심의 캠프 또는 각 교재가 주제로 제공하는 3개의 주제를 테마로 캠프를 구성하는 것입니다. 토비아는 이와 관련해 각 교회가 실제로 사용할 수 있는 프로그램들 및 운영 자료들을 제공할 예정입니다. 필요한 사항이나 아이디어가 있으면 언제든 토비아로 연락 주시기 바랍니다.

하나님의 선교가 처음 아브라함에 의해 시작된 이래로 기독교 복음이 세상에 전파되는 과정에는 많은 고난과 어려움이 있었습니다. 토비아가 제공하는 순례와 순례 캠프를 통해 우리 어린이들이 하나님의 사랑과 복음이 세상에 전파된 이야기를 배우고 스스로 복음 전파를 위한 결단과 열정, 그리고 헌신의 삶을 살게 되기를 바랍니다. 토비아 사역으로 큰 부흥을 이루는 여러분 교회 되시기 바랍니다.

토비아 순례캠프 교재 이렇게 활용하세요!

● **토비아 순례캠프 2권 "하나님이 세우세요" 구성 및 진행**

　1. **외울말씀** 성경구절을 찾아 적고 암송하기
　2. **성경이야기** 성경의 이야기 듣기 & 소리내어 읽기
　3. **순례이야기** 순례지의 이야기 듣기
　4. **순례코칭** 질문에 답해보기

토비아홈페이지
토비아홈페이지에서
더 많은 토비아의 자료와 콘텐츠를
만나실 수있습니다.

● **토비아 순례캠프 활동자료 활용**

　1. 각 과에 제시되는 활동자료를 토비아 홈페이시에서 획인합니다. (PDF 자료 다운로드)
　2. 순례지에서 직접 활동을 합니다.
　3. 순례에 참여 못할 시 성경공부 후에 활동을 진행합니다. (자세한 내용은 맨 뒷면 참조)

● **교사지침 안내**

　과별주제 및 교수학습진행안 PDF자료는 토비아홈페이지 https://tobia.modoo.at 를
　통해 다운받아 사용할 수 있습니다.

저자 조문섭

조문섭 목사는 오랫동안 교회현장에서 기독교교육과 교육목회 전문목회자로 사역했다. 기독교대한성결교회 다음세대 성경공부교재 집필과 교육프로그램을 개발하는 일에 헌신했다. 현재는 토비아선교회의 순례 및 순례프로그램과 교육교재 개발 그리고 순례 사역자양성에 헌신하고 있다.

두 번째 토비아 순례캠프

하나님이 세우세요

1판 1쇄: 2025년 2월 5일

저   자: 조문섭
그   림: 강민준
편 집 디자인: 양재봉, 정부선
펴낸이: 강신덕
펴낸곳: 도서출판 토비아
등   록: 107-28-69342
주   소: 03383) 서울시 은평구 은평로 21길 31-12, 4층
         T 02-738-2082 F 02-738-2083

SET ISBN: 979-11-91729-22-1   04230
     ISBN: 979-11-91729-29-0   04230

CONTENTS

성경에서 알맞은 단어를 찾아 빈 칸을 채워
요한복음 21장 17절 말씀을 완성하고 함께 외워요.

주님 모든 것을 아시오매
내가 주님을 ☐☐☐☐
☐☐ 주님께서 아시나이다

예수께서 이르시되
☐ ☐ ☐
☐ ☐ ☐

요한복음 21장 17절

사랑으로 세움 받다!

디베랴 호수에서 밤새 그물을 던졌지만

베드로와 요한 그리고 제자들은 물고기 한 마리도 잡지 못했어요.

모두들 지쳐있을 때, 멀리 호숫가에서 불을 피우던 한 사람이 말했어요.

"배 오른 편에 그물을 던지세요."

그 사람이 시킨대로 그물을 던진 제자들은 곧 많은 고기를 잡았어요.

그때 가장 어린 제자인 요한이 소리쳤어요.

"예수님이시다!",

"뭐라고? 예수님이시라고!"

베드로는 옷도 벗지 않고 급하게 물에 뛰어들었어요.

그리고 예수님께 헤엄쳐 갔어요.

제자들 모두 반가워하며 예수님께 인사했어요.

"모두들 수고했어요. 내가 불을 피우고 빵을 준비했어요. 잡은 물고기를 좀 가져오세요."

"예수님께서 구워주셔서 더 맛있어요! 예수님 감사합니다."

요한이 맛있게 먹으며 말했어요.

'난 예수님을 세 번이나 모른다고 했는데…날 용서하실까…'

베드로가 이렇게 생각할 때였어요.

갑자기 예수님께서 베드로를 부르셨어요.

"요한의 아들 시몬!"

"네_에!"

베드로가 주춤하며 대답했어요.

"다른 제자들보다 나를 더 사랑합니까?"

베드로는 작은 목소리로 대답했어요.

"네! 그렇고 말고요. 예수님! 내 마음을 아시잖아요."

"그럼 나의 어린양들을 먹이십시오."

베드로는 뜻밖의 질문에 당황했어요.

예수님께서 또 말하셨어요.

"요한의 아들 시몬, 나를 사랑합니까?"
똑같은 질문에 베드로는 좀 더 큰소리로 대답했어요.
"네! 예수님께서 내 마음을 아십니다."
"그럼 나의 어린양들을 돌보세요."
모두 이 대화에 귀를 기울였어요.
"요한의 아들 시몬, 나를 사랑합니까?"
예수님 세 번째 질문에 베드로는 안타까운 마음을 더해 큰소리로 대답했어요.
"네! 예수님! 모든 것을 다 아시는 주님께서
내가 예수님을 사랑한다는 것을 아십니다. 사랑합니다 예수님!"
"그래요, 이제 나의 어린양들을 돌보세요."
예수님께서는 제자들을 바라보며 다시 말씀하셨어요.

"나는 여러분을 사랑합니다. 그러니 여러분, 나의 사랑을 기억하며 사세요.
그리고, 내가 여러분에게 맡기는 양들을 위해 목자가 되어 주세요."
제자들은 예수님 말씀에 순종하기로 했어요.
예수님의 양들을 먹이고 돌보는 참된 목자가 되기로 했어요.
특별히 베드로는 더욱 굳은 마음으로 목자가 될 것을 결심했어요.

베드로는 이제 예수님의 사랑으로 세움 받은 제자가 되었어요.

사랑으로 세움 받았습니다!

"이보시게. 이 늙은이는 이제 죽어도 좋으니 저 두 젊은이는 풀어주시게."
1950년 10월 5일 증도 중동리 앞 솔등 모래사장에서 공산군의 위협에도 굴하지 않고
문준경 전도사님은 사람을 살리고자 스스로 순교의 길을 갔어요.

문준경 전도사님은 전라남도 신안의 작은 섬마을 증도로 시집왔어요.
그러나 남편이 집을 나가버려 홀로 시부모님을 모시며 어렵게 살았어요.
얼마후에는 목포로 나와 혼자 손바느질을 하며 힘들게 살게 되었어요.
그러다가 시장을 돌아다니는 전도인들에게 예수님의 이야기를 들었어요.
문준경 전도사님은 예수님의 사랑을 알게 되었고, 예수님을 믿게 되었어요.
예수님을 믿기 시작한 문준경 전도사는 마음에 열정이 생겼어요.
전도사님은 곧 서울로 올라가 신학교에서 목회자가 되는 공부를 시작했어요.
그리고 전도사님이 되어 예수님을 전하기 위해 다시 증도로 돌아왔어요.

섬 사람들은 문준경 전도사님이 들려주는 재미난 이야기와
불러주는 멋진 노래를 들으며 좋아했어요.
전도사님은 증도의 인기 스타가 되었어요.
멋들어지게 찬양을 하고는 사람들에게 예수님을 전했어요.
"여러분! 예수님을 믿어야 구원을 얻습니다. 우상들을 믿어서는 안 됩니다."
전도사님은 곳곳을 다니며 예수님을 전했고, 사람들은 예수님을 믿었어요.
문준경 전도사님은 도움이 필요한 곳이면 어디든 달려갔어요.
"전도사님! 우리 아내가 아기를 낳아요. 어서 와서 도와주세요!"
"전도사님! 우리 아이가 아파요. 기도해주세요."
아기를 받아주고, 아픈 사람에게는 기도해주고, 약도 가져다 주었어요.
어린이들을 모아 글도 가르치고, 섬 여기저기 필요한 물건을 가져다주기도 했어요.
그러자 예수님을 믿는 사람들이 점점 늘어나게 되었어요.
"아이고, 전도사님 또 고무신을 갯벌에 빠뜨리셨어요! 버선빌로 오셨네."
서해안에는 썰물 시간이 되면 섬과 섬 사이 바위로 만든 '노둣길'이 나타나요.

이 길은 뾰족뾰족 바위와 진흙 때문에 걷기 힘들었어요.
신었던 고무신이 쉽게 벗겨지고, 잃어버리기도 했어요.
문 전도사님은 노둣길에서 많은 고무신을 잃어버려 맨발로 다니기도 했어요.

1950년 한국전쟁이 일어났을 때 공산군이 증도로 들어왔어요.
그들은 섬사람들에게 예수님을 믿거나 교회에 가는 것을 막았어요.
그 사람들은 문 전도사님을 체포해 목포로 데리고 갔지만 다행히
국군에게 풀려나 전도사님은 자유롭게 될 수 있었어요.
"저는 증도로 돌아가겠습니다. 두려워하고 있는 성도들에게
공산군이 물러갔다는 사실을 알리겠습니다."
"전도사님! 지금은 위험합니다. 증도가 안전해 지면 가시죠"
"아닙니다! 어린 양들이 두려워 떨고 있는데, 어서 가서 그들을 도와야 합니다!"
문준경 전도사님은 끝내 다시 배를 타고 증도로 돌아갔습니다.
그리고 증도에 들어온 그날 밤, 문 전도사님은 다시 공산군에게 붙잡혀
함께 있던 사람들과 끌려 나가 순교하고 말았어요.
전도사님은 마지막까지 사랑으로 자신을 희생하셨어요.
전도사님의 사랑과 희생으로 증도는 지금 90%
이상이 예수님을 믿는 아름다운 섬이 되었어요.

예수님 사랑으로 세움 받은 문준경 전도사님을
통해 증도는 천사의 섬이 되었습니다.

예수님 사랑으로 세움 받은
문준경 전도사님을 통해
증도는 천사의 섬이 되었습니다.

순례코칭

네 지금 사랑하겠어요!

PIL grimage 베드로와 문준경 전도사님의 공통점은 무엇인지 이야기해 봅시다.

	세우심 방법 (내용)	결단 내용
베드로		
문준경		

R esponse 문준경 전도사님이 사람들을 구체적으로 어떻게 사랑하셨나요?

사랑 1

사랑 2

I ntegration 하나님은 왜 베드로와 문준경 전도사님을 세우셨을까요?

* 문준경 전도사에 대한 자료 참고. <참고도서> "문준경에게 인생의 길을 묻다", 임병진 저, 사랑마루, 2015.

2과 열정으로 세움 받다

배울 말씀 : 사도행전 8장 26-40절
외울 말씀 : 사도행전 8장 40절

성경에서 알맞은 단어를 찾아 OO를 채워 사도행전 8장 40절 말씀
을 완성한 후, 함께 외워요

빌립은 아소도에 나타나
여러 성을 지나 다니며
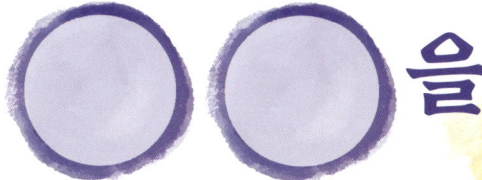을
전하고
가이사랴에 이르니라

사도행전 8장 40절

열정으로 세움 받다!

사도 빌립은 복음을 전하다가 사마리아로 갔었어요.

그곳에서 복음을 전하자 귀신들이 도망가고, 많은 병자가 회복되었어요.

사마리아 사람들은 빌립이 열심히 전한 예수님을 기뻐했어요.

하루는 성령님이 빌립에게 말씀 하셨어요.

"빌립! 예루살렘에서 가사로 내려가는 남쪽 길까지 가라!"

"성령님 거긴 광야인데요. 그곳에 무엇이 있길래 저를 보내십니까?"

"그곳에서 많은 사람을 이끄는 한 사람을 만날 것이다. 그에게 예수님을 전해라!"

빌립은 성령님의 말씀에 순종하여 광야로 갔어요.

멀리서 마차를 탄 한 무리 사람들이 보였어요.

빌립은 마차 가까이로 뛰어 가서 일행에게 물었어요.

"이 마차에는 누가 타고 있나요?"

"이분은 에디오피아 여왕 간다게님의 재산을 관리하는 높은 분입니다."

빌립이 마차 위를 올려다보니 간다게 여왕의 신하는

두루마리에 적힌 선지자 이사야의 글을 읽고 있었어요.

빌립은 짐짓 큰 소리로 마차에 앉은 사람에게 물었어요.

"당신이 읽고 있는 그 글의 내용이 이해가 되십니까?"

"아니요, 설명해 주는 사람이 없어서 이해할 수가 없네요.

당신은 이것이 무슨 이야기인지 압니까?"

"예! 제가 설명해 드릴 수 있습니다."

"그래요? 그럼 마차에 올라오세요. 나에게 설명해 주세요."

빌립은 마차를 붙잡고 펄쩍 뛰어 올라탔어요.

그는 이사야가 선지자의 도살장에 끌려가는 양 이야기를 읽고 있었

어요. '마치 도살장으로 끌려가는 어린 양처럼....아무 말도 하지 않았

다.(사 53:7 표준새번역)'

"도대체 이 양은 누구를 말하는 겁니까?"

"이사야가 예언한 어린양은 바로 나사렛 예수 그리스도입니다."

빌립은 내시에게 예수님의 탄생과 십자가 죽음, 부활, 재림,
그리고 예수님을 믿는 교회와 사람들의 이야기를 들려주었어요.
그리고 예수님을 믿는 것이 구원의 방법임을 설명했어요.
여왕의 신하는 빌립의 설명에 크게 감동 받았어요.

마침 그들이 탄 마차가 물이 있는 곳에 이르렀어요.
"빌립, 여기 물이 있네요. 나는 이제 당신이 전해준 예수님을 믿습니다.
나는 지금 세례를 받고 싶습니다. 가능할까요?"
"그럼요! 예수를 믿기로 한 사람들은 모두 세례를 받을 수 있습니다!"
빌립과 신하는 바로 물가로 내려갔어요.
빌립은 여왕의 신하에게 세례를 베풀었어요.
"이제 예수님을 믿고 세례를 받았으니, 예수님 믿는 사람으로 사십시오"
그들이 인사를 마쳤을 때 성령님은 빌립을 갑자기 데리고 가셨어요.
내시는 빌립이 갑자기 없어진 것에 놀랐지만, 기쁨 가운데 길을 떠났어요.
빌립은 이후에도 많은 사람에게 예수님의 복음을 열정적으로 전했어요.

열정으로 세움 받은 빌립은 어디에서나
예수님의 복음을 전했습니다.

열정의 복음 전도자

"여러분 안녕하십니까?
저는 여러분에게 예수 그리스도에 대해서 알려드리기 위해 미국에서 온 윌리엄 베어드라고 합니다.
제 이야기를 한 번 들어보시고, 또 여기 책을 읽어보시기 바랍니다."
지금 청도역 앞 납딱바위라는 곳에는 시원한 샘물도 나오고,
여행하는 사람들이 쉬기 좋은 곳이었어요.
이곳은 휴게소이며, 동시에 만남의 장소 같은 곳이에요.

1893년 4월 경상도 여러 동네를 다니며 전도하던 베어드 선교사님은
이곳에서도 열정적으로 복음을 전했어요.
"선교사님 이 고개는 팔조령이라고 부르는데 너무 험합니다."
"팔조령이요?"
"네 산이 높고 험해서 옛날부터 산적들이 많이 나와요.
여덟 명 이상이 무리를 지어 넘어야하는 고개라서 팔조령입니다."
"그렇군요. 위험하기는 하지만 그래도 이 고개를 넘어가야만
우리는 대구로 가서 예수님의 복음을 전할 수 있습니다.
어렵지만 함께 넘어가죠"
선교사님은 위험한 길이라도 복음을 전하기 위해서
용기를 내어 넘어갔어요.

험한 산이라도 넘는 열정으로 베어드 선교사님은 1893년 4월 22일 마침내 대구 약령시장에 도착하였어
요. 그리고 열심히 복음을 전하며 지금 청라언덕이라는 곳에 교회를 세웠어요.
그 후, 선교사님은 안동에서도 예수님 복음을 전했어요.
"내가 당신이 팔고 있는 그 책에 관심이 있소. 나에게 한 권 파시오."
"나도 읽고 싶습니다. 나도 당신 이야기에 관심이 있습니다. 한 권 주시지요!"
"거~ 선교사 양반, 나에게도 한 권 파시오."
많은 사람이 선교사님이 전하는 쪽복음책을 사갔어요.
여러 여려움에도 선교사님은 복음 전하는 일을 결코 멈추지 않았어요.

사실 베어드 선교사님은 친구 마펫 선교사를 만나기 전에는 조선을 몰랐어요.

"베어드, 동양에 조선이라는 작은 나라가 있는데 그곳에서 예수님의 복음을 전해보지 않겠나?"

"조선? 난 처음 들어보는데? 그곳은 어떤 곳이지?"

"아직은 세상에 알려지지 않았고, 많이 뒤처진 나라이지만, 그러나 분명한 것은 하나님께서 사랑하시는 곳이라네. 난 곧 조선으로 가서 하나님께서 원하시는 일을 할거라네"

"그래? 하나님께서 부르신다면 가야하겠지."

베어드 선교사는 조선에서 복음을 전하겠다는 결단에 결혼하고 한 달 만에 아내 애니와

바로 조선으로 왔어요. 그의 마음은 조선에서 복음을 전하는 일에 대한 꿈과 열정으로 가득했습니다.

"베어드 선교사를 부산 지역의 선교 책임자로 임명합니다!"

부산 지역 선교 책임자로 세움 받은 베어드는 열심히 복음을 전했어요.

먼 길을 다니고, 높은 산을 넘고, 서양인을 피하는 조선 사람들 사이에서도

베어드 선교사님은 열정을 가지고 복음을 전했어요.

선교사님의 노력과 열정에 부산과 경상도 지역에는 많은 교회가 생겼어요.

선교사님이 전한 책을 통해 많은 사람이 예수님을 알게 되었어요.

베어드 선교사님의 쉬지 않는 열정 때문에 경상도에 큰 부흥이 일어났어요

복음의 열정으로 세워진 베어드 선교사님을 통해
경상도에 큰 부흥이 일어났어요.

순례코칭
열정으로 살겠어요!

PIL grimage   빌립과 베어드 선교사의 공통점을 이야기해 봅시다.

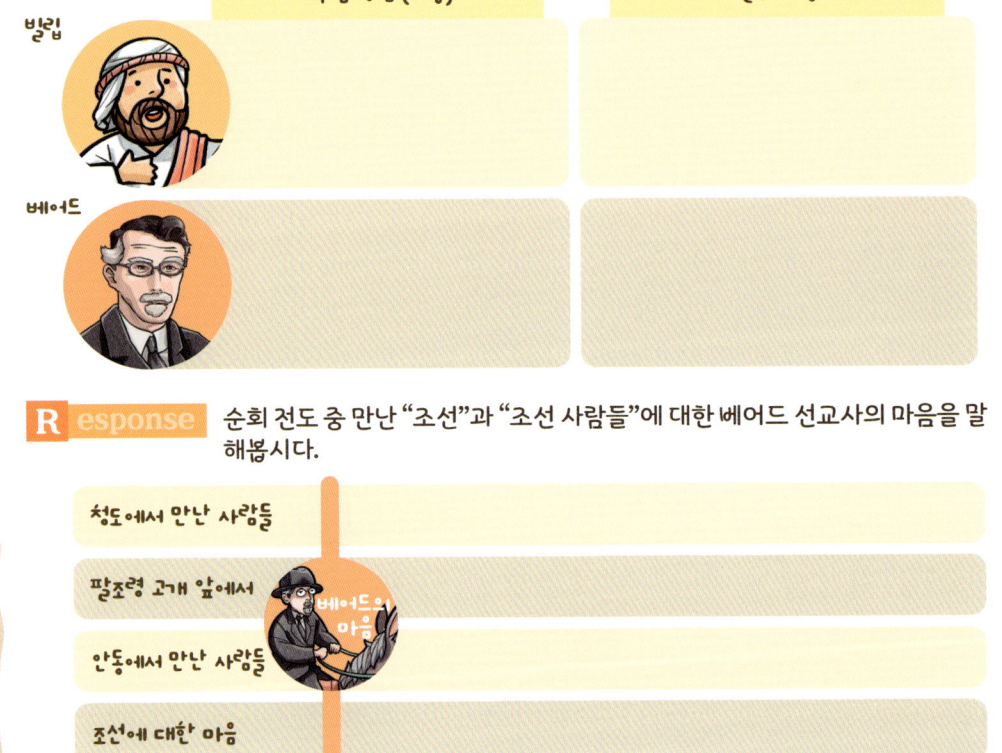

	세우심 방법 (내용)	결단 내용
빌립		
베어드		

R esponse   순회 전도 중 만난 "조선"과 "조선 사람들"에 대한 베어드 선교사의 마음을 말해봅시다.

청도에서 만난 사람들	
팔조령 고개 앞에서	
안동에서 만난 사람들	
조선에 대한 마음	

베어드의 마음

I ntegration   빌립과 베어드 선교사의 모습을 보며 열정적인 삶은 어떻게 이루어 지는지 적어봅시다.

3과 인내로 세움 받다

배울 말씀 : 창세기 6장 9-22절
외울 말씀 : 창세기 6장 22절

성경에서 알맞은 단어를 찾아 빈 칸을 채워
창세기 6장 22절 말씀을 완성하고 함께 외워요.

가 그와 같이 하여

이

자기에게 명하신 대로

다   하였더라

창세기 6장 22절

토비아 순례캠프 하나님이 세우세요

인내로 세움을 받았어요!

노아가 살던 세상, 사람들은 자기 하고 싶은 대로 살고 있었어요.

사람들은 못된 송아지처럼 하나님께서 원치 않는 행동만 일삼았어요.

사람들을 바라보며 하나님의 마음은 슬프고 화가 나기 시작했어요.

"우리는 네피림이야! 강하고 힘이 쎈 용사들이지, 그 누구도 우리보다 강하지 못하고, 세지 못해!

우리는 우리가 원하는 대로 이 세상을 다스릴 수 있어!"

하나님을 잊고, 자기 마음대로 살면서 죄를 짓는 사람들이 세상에 많아지면서

하나님께서는 근심하기 시작하셨어요.

'아..내가 만든 사람들이 나를 알지 못하다니… 자기들 마음대로 살아가는 이들을 보니

마음이 아프구나... 내가 괜히 사람을 만들었는가..'

결국 하나님은 직접 만드신 세상과 사람들을 심판하기로 하셨어요.

하나님께서 사랑하는 노아에게 말씀하셨어요.

"노아야! 세상이 악하고 나를 잊어버렸구나. 그래서 내가 이들을 심판하려고 한다.

이제 내가 너에게 명령을 할테니 너는 그 명령대로 하거라!"

노아는 사람들과 달리 하나님의 말씀에 귀 기울이는 의로운 사람이었어요.

"너와 네 가족, 그리고 짐승 한 쌍씩과 그 먹이를 실을 큰 방주를 만들어라!

이제 내가 세상의 악한 모든 것들을 물로 쓸어버릴 것이다."

"방주는 잣나무로 만들고, 안에 방을 여러 칸 만들어라. 그리고 역청을 두텁게 칠해

물이 새지 않게 하여라. 방주는 세 개 층으로 만들어야 하고 방주 위에는 창문을 두어야 한다"

"엄청난 크기의 배인걸요. 시간이 오래 걸릴 것 같아요. 하지만 하나님 말씀대로 꼭 만들겠습니다."

노아는 하나님 말씀에 순종하며 아들들인 셈, 함, 야벳, 그리고

그 며느리들과 함께 방주를 만들기 시작했어요.

방주는 어마어마하게 컸기 때문에 오랜 시간이 걸렸어요.

"아버지! 대체 언제까지 이 배를 만들어야 해요 너무 크고 힘들어요."

"지나가는 사람들이 이렇게 큰 배를 어디에 쓸거냐고 놀려요."

"정말 하나님이 대체 어떻게 물로 세상을 심판하시겠다는 건지 모르겠어요."
아들들과 가족들은 배 만드는 것이 힘들어 아버지에게 불평하기도 했어요.
"잘 들어라. 하나님께서는 우리에게 옳은 길을 알려주셨단다.
지금 세상과 사람들에게는 불의와 악이 가득하단다.
세상은 곧 하나님의 심판을 받아 모두 멸망할 거란다.
그런데 하나님께서 우리를 새로운 세상의 주인공으로 살게 하셨단다.
우리는 하나님께서 새롭게 시작하실 새로운 세상의 주인공들이야.
그러니 우리는 그들 말을 듣지 말고 하나님 말씀에만 순종해야 한단다."
노아는 사람들의 손가락질에도 묵묵히 참고 방주 만드는 일에만 최선을 다했어요.
그리고 마침내 하나님의 명령대로 방주를 만들었어요.
노아와 그 가족들은 자기들이 해야 할 일에 최선을 다했어요.
그리고 하나님께서 세상을 물로 심판하신 후 시작하신 새로운 세상에서
그 세상을 다스리고 그 세상을 축복할 주인공들이 되었어요.

인내로 세움 받은 노아와 가족들은
하나님 말씀대로 방주를 만들었어요.

토비아 출러캠프 하나님이 세우세요

인내로 함께 세움 받았어요!

윌리암 린튼 선교사님이 네 명의 아들들에게 이야기했어요.

"우리들은 조선 땅에서 조선 사람들과 함께 살기 때문에 항상 그들을 사랑하고

그들과 함께 살아야 한다. 조선에서의 생활이 너희들에게 힘들고 어려울 수 있지만

그래도 참고 견디며 조선 사람들과 함께 하거라."

조선을 사랑한 린튼 선교사님은 조선을 위해 열심히 일하면서

자녀들에게도 조선을 사랑하도록 가르쳤어요.

선교사님은 한복을 입히고 짚신도 신게 하고 지게도 져보게 하는 등 자녀들을 마치 조선 사람처럼

키우셨어요. 린튼 선교사님은 미국 남장로교 선교사

들 중에 가장 어린나이에 선교사로 조선에 왔어요.

선교사님은 처음 군산에서 영어와 성경을

가르쳤고, 전주에서는 교장선생님으로 학생들을

가르치는 일에 최선을 다하셨어요.

선교사님은 일본이 강요한 신사참배를 거부해

조선에서 쫓겨나기도 했어요.

그러나 해방이 된 후, 곧 돌아오셔서 대학을

세우고 학생들을 가르쳤어요.

본인에게 주신 하나님의 명령임을 알고 온 힘

을 다하셨어요. 린튼 선교사님의 조선 선교

사역은 놀라운 것이었어요.

놀라운 것은 선교사님을 이어 4명의 아들들도 이 땅을 사랑하고, 섬긴 것이에요.

셋째 아들이었던 휴 린튼 목사님은 전라남도 많은 섬에서 복음을 전했어요.

사람들은 휴 목사님을 "순천의 검정 고무신"이라고 불렀는데, 선교사님은 조선 사람들이 신는

고무신이 너무 좋으셨데요. 또, 휴 목사님은 스스로 호남에 600여개의 교회들이 세웠어요.

휴 목사님은 안타깝게도 두 아들을 폐결핵으로 잃는 고통도 겪었어요.

하지만 그 일은 결핵치료소를 세워 30년 간 환자들을 돌보는 일로 이어졌어요.

이 땅을 사랑하고 헌신한 것은 휴 목사님만이 아니었어요.

휴 목사님의 동생인 드와이트 린튼 목사님은 광주 호남신학대학교 학장으로 헌신하면서

아버지 윌리암 린튼 목사님처럼 하나님 말씀을 선포하는 일과 사랑으로 사람 키우는 일에

최선을 다했어요. 휴 목사님의 아들 스티브 린튼은 지금껏 북한에 의료 지원하는 일을 해 왔어요.

북한은 지금도 많은 사람이 병을 고치지 못하고 아픈 가운데 죽어가요.

스티브 린튼 목사님은 수시로 북한을 오가며 아픈 사람들을 도왔어요.

스티브 린튼의 동생 존 린튼 역시 한국에서 의사가 되어 사람들을 돕고 있어요.

존 린튼은 아버지 휴 목사님이 구급차 도움 없이 교통사고로 돌아가셨을 때,

한국 최초로 구급차를 만들어 기증하기도 했어요.

윌리암 린튼 목사님과 그 후손들은 조선을 사랑하신 하나님의 마음을 따라 지금까지 그 사랑을 나누고

베풀고 섬기며 살고 있어요. 린튼 선교사님 일가는 일본 식민지와 한국 전쟁 등 많은 어려운 시대를

지나면서, 어떤 어려움에도 사명으로 보냄 받은 한국 땅을 떠나지 않고 최선을 다해 헌신하며

조선의 사람들을 사랑하고 섬겨 왔어요.

린튼 선교사님과 그 후손들은 오랜 시간동안 어려움도 많았지만, 참고 인내하며

조선을 사랑하고 섬겨온 귀하고 아름다운 사람들이에요.

린튼 선교사와 후손들은 인내로 세움 받아
우리나라를 섬겼습니다.

순례코칭

네 인내를 배우겠어요!

PIL grimage 노아의 가족과 린튼 선교사의 가족의 공통점은 무엇인가요?

노아와 가족	세우심 방법 (내용)	결단 내용

린튼 선교사 가족		

R esponse 린튼 선교사와 후손들이 해 온 일을 적어보자

윌리암 린튼

휴 린튼 / 로이스 린튼

스티브 린튼

존 린튼

I ntegration 우리가 어려운 환경에서도 하나님의 명령을 따르고 지키는 방법은 무엇일까요?

추천! 순례지 기념관 & 박물관

전라남도

문준경전도사 순교기념관　www.mjk1004.org

문준경 전도사의 생애와 사역 등을 알 수 있다.

주소: 전남 신안군 증도면 문준경길 234
전화: 061-271-3455
이용: 무료. 하절기(3월-10월) 09:00~17:30 동절기(11월-2월) 09:00~17:00
휴관일: 주일, 신정, 구정 당일, 추석 당일, 성탄절

전라남도

순천시 기독교역사박물관　www.facebook.com/profile.php?Id=100070596782206

남장로교 선교사들의 발자취와 순천 지역 기독교역사 자료 관람 및 학습이 가능하다.

주소: 전남 순천시 매산길 61
전화: 061-749-4530
이용: 무료(월~토 09:00-18:00)
휴관일: 주일

서울

숭실대학교 한국기독교박물관　museum.ssu.ac.kr

베어드가 세운 숭실대학교의 역사와 한국 기독교의 역사 전반을 살펴볼 수 있다.

주소: 서울특별시 동작구 상도로 369 숭실대학교
전화: 02-820-0752~3
이용: 무료(월-금 10:00~16:30), 예약 확인
휴관일: 토, 주일 및 공휴일

경상북도

팔조령 옛길 (팔조령 휴게소)

베어드 선교사가 청도에서 대구로 들어가기 위해 넘은 고개이다.
팔조령은 해발 410m의 가파르고 굽이진 고개였고, 산적떼가 자주 출몰하여 위험했다.
그래서 어른 8명이 함께 모여야 겨우 넘을 수 있다고 고개 이름이 '팔조령(八助嶺)'이다.
팔조령 휴게소를 찾아가면 "청도 기독교100주년 기념비"가 있다. 기념사진 한장!

주소: 경북 청도군 이서면 팔조령길 399

1. 순례학습 계획 설정

▶ 순례 캠프 교재와 연관하여 진행할 주제를 선정합니다.
   1권당 3개의 주제, 총 3권 9개의 주제 제공
▶ 순례 캠프를 통해서 다양한 주제를 설정하여 교육할 수 있습니다.
▶ 순례지 선정에 있어 학생들의 상황을 고려합니다.
   (설명 중심인지 체험 중심인지 고려)

2. 순례지 장소 선정

▶ 여러 주제와 관련하여 한 장소를 선정합니다.
   주제와의 연관성, 교회에서의 거리, 이동성 고려

3. 순례지 정보 사전학습 또는 답사

순례지 정보를 사전에 파악합니다.
토비아를 통해서 정보를 얻으실 수 있습니다.
토비아에 당일 순례 진행을 의뢰하실 수 있습니다.
사전 답사를 추천합니다.(토비아 순례진행시 생략 가능)

4. 순례 실시

어린이와 청소년들이 안전하게 진행하도록 합니다.
순례지에서는 경건한 마음을 가지고 임하시고,
개별적인 행동들을 하지 않도록 합니다.
안내자는 충분한 정보를 준비합니다.(자체 진행시)
학생들에게 체험용 자료를 제공합니다.(토비아 제공)
피드백을 들어봅니다.(당일 또는 주일 성경공부 시간)

5. 주일 교육 운영실시

주일에 공과와 관련된 주제로 설교를 합니다.
순례지와 연결된 과 또는 정해진 주제를 공부합니다.
학생들이 순례지에서 얻은 느낌들을 공유하게 합니다.